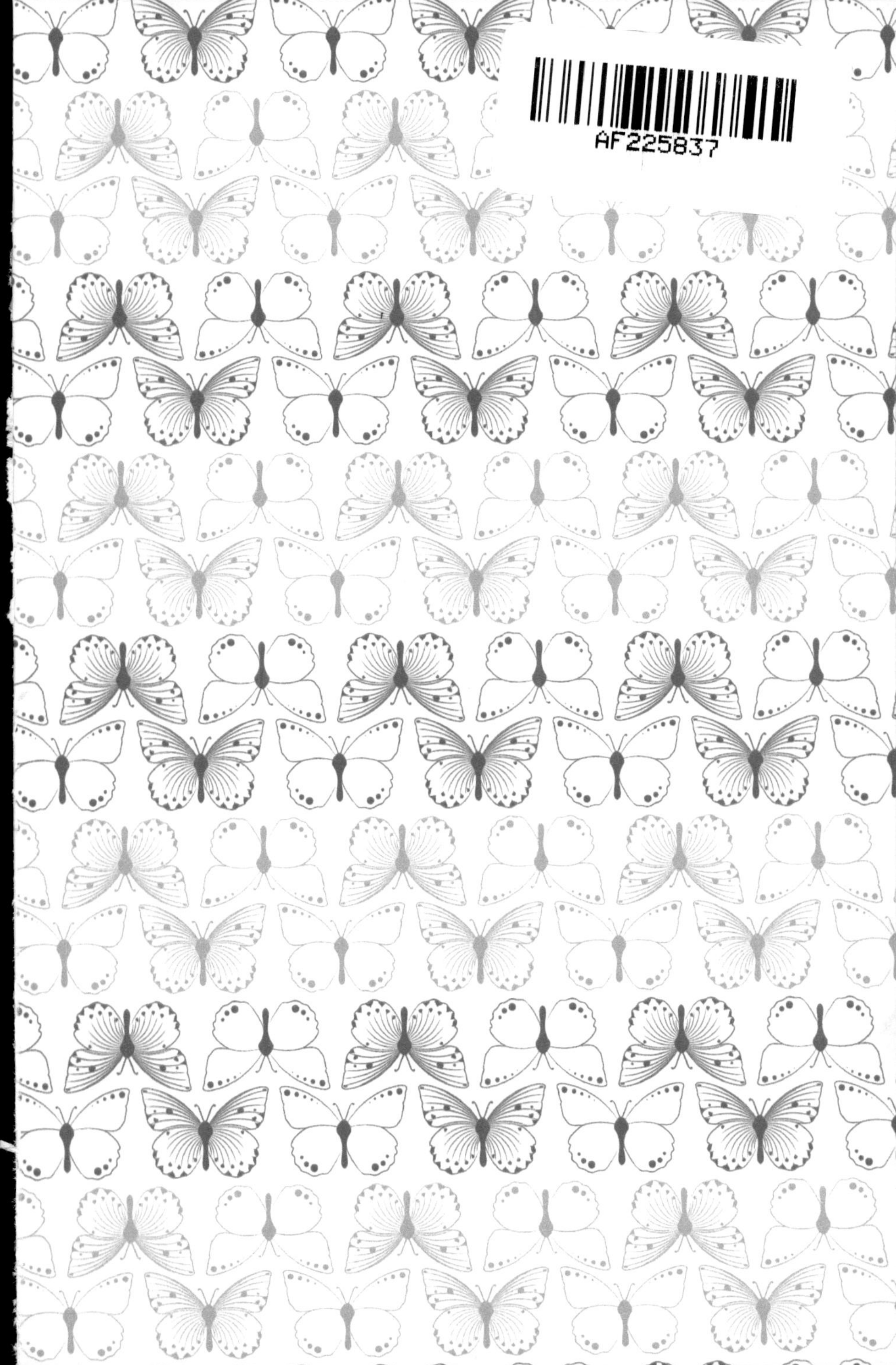
AF225837

Aura Sibila Benjamín

LO QUE ME ENSEÑÓ LA NOCHE

viaje a través de la memoria

el hacedor

Lo que me enseñó la noche
(viaje a través de la memoria)

ISBN 978-1-7751095-5-6

Esta publicación es un proyecto
editorial de **Diverbia + El hacedor**

www.diverbia.ca
www.elhacedor.org

Puede contactar a la autora en:
libros@elhacedor.org

Edición y diseño gráfico:
JL Rodríguez Pittí

Ilustración de la portada y contraportada:
Carabí de Ana Gabriela Torres B. (@annekobe_art)

Letras capitales:
Aura Sibila Benjamín

Textos sobre el poemario, las ilustraciones y la autora:
JL Rodríguez Pittí - www.rodriguezpitti.com

Diseñado y editado en Canadá 🍁

EL ORIGEN

Por fin lo comprende mi corazón:
escucho un canto,
contemplo una flor:
¡Ojalá no se marchiten!
—Nezahualcóyotl

L PENSAR EN EL ORIGEN vienen a mi mente muchos orígenes, porque en nuestra sangre confluyen todas las luchas que han sucedido y siguen sucediendo a diario. El origen se nutre de la historia, las costumbres y tradiciones de los pueblos. La música, la gastronomía, el arte y la palabra muestran todo lo que somos en el tiempo. La cultura es diversa en nuestros territorios porque hubo, hay y han venido gentes de muchas partes y el proceso ha sido híbrido: con contradicciones, martirios, fusiones, contrastes y variadas interpretaciones. Pero todas las expresiones y distintos orígenes nos bañan la memoria y nos exigen tomar conciencia de lo que hemos sido, somos y pretendemos llegar a ser.

Laberinto

El peor laberinto no es esa forma intrincada
que puede atraparnos para siempre, sino
una línea recta única y precisa.
—Jorge Luis Borges

Despierto con las voces de los silencios,
los cañoneros y los sonidos que alguna vez se escucharon,
con el recuerdo de la lluvia
    que hizo crecer la hierba
y todas esas cosas que tuvieron nombre en Ítaca
  y luego se hicieron versos escritos
   por el olvido.

Hay mañanas que me sorprenden con los rumores de la isla
retratos de esos instantes que susurran canciones
y surgen las ansias de volver a tomar el postre,
  unas manos,
   una puerta conocida,
     una sombra hecha por el sol en los balcones
   o el viento mientras camino hacia la tarde.

Me siento Penélope
  errante de mar perdida
atrapada en este laberinto
lleno de minotauros enfurecidos
  y cansados.

Quiero asomarme a la ventana
y jugar a ver dibujos en las nubes,
leer algunos libros de los muchos que me faltan
o convertirme en flor que amanece en tu abrazo.

II

El minotauro sigue atrapado en este laberinto y llora, si,
el minotauro llora las llagas
entre los muros empedrados

y quizá lo único que añora es un descanso,
que toda su agonía se detenga
y no tenga que morir frígido de miedo.

Me sorprendo, sí,
me sorprendo de los días
que han devenido en tormenta
porque antes dormía cuando llovía cada tarde
y hacía crucigramas de hojas en los parques.

Ahora no duermo
porque temo no alcanzar a abrir los ojos;
y dejar todas estas palabras amontonadas en el ombligo.

Demoré tanto tiempo amasando migajas
tejiendo insomnios en horas muertas
que he quedado muda ante la noche catrina.

Mientras tanto,
sigo escuchando los huesos de los dioses empotrados
más todas las esclavitudes mantenidas a fuerza de sus cascos
sin que nuestras manos logren recuperar   un solo amanecer
entre lenguas mórbidas e infinitas.

Por suerte,   quizá sea solo suerte,
algunos todavía contamos historias,
jugamos rayuela en la acera
o lanzamos una piedra a los traidores.

Carabí

¿Es o no es / el sueño que olvidé / antes del alba?
—Jorge Luis Borges

Caminaba ajena a los dragones circundantes
y solo miraba las cuentas de colores
que asemejan las luces, los corales y los peces
del archipiélago y la luna.

Me trasladé al arrullo de las olas
a las edades y recuerdos familiares
al lenguaje que regala soles;
a la abundancia del Caribe
y las voces que hicieron fogata
en la memoria.

Unas manos suaves, como beso de colibríes
me devolvieron al origen
y recordé la plegaria de las flores
en este cuerpo compungido.

Mis pies acunaron el jugueteo del mar
mientras la poesía cosquilleaba como mariposa
en la tarde transparente.

Las olas retiraron los marjales tristes
y el brillo de los ojos retornó a lo inmarcesible.
Las voces ancestrales me cantaron mis pasiones,
recordé mi nacimiento y la caricia
de las manos escogidas
para crearme.

Entré en la espiral del útero que me sana
donde aleaban multitud de pájaros
con olor a toronjil y limoneros.

Observé el baile de las estrellas al formar mis células
en el vientre creador de las canciones.
Volví a tocar las hojas del árbol de mi nombre
mientras el viento crecía como naranjas.

Necesito el árbol que creció conmigo.

Abrazarlo en un tiempo fuera del tiempo
para entregarle mis ofrendas
y resurgir en la savia del capullo que me trajo.

Sentir mis cabellos en la dulzura de unos dedos
que tejen las trenzas universales
e hilan la memoria de los tiempos.

En mis sueños, buscar tus ojos
en la noche víspera de abrir los míos.

Al amanecer, asir tus manos desde el inicio
y sembrar nuestros sueños, como un árbol.

Cuando las lunas me vistan de raíces
y la espiral del origen me regale la luz de tu sonrisa
te diré al oído *¿diurba nama?* [1]
y el canto y la vida caminarán juntos cada tarde.

---

[1] Palabra en lengua dulegaya que significa "vamos al río".

Ancestra

Feliz de ser quien soy, solo una gran mirada:
ojos de par en par y manos despojadas.
—Rosario Castellanos

La bisabuela Dolores,
hija de la selva y el río
tenía el color de la tierra
y un temple de matrona verde,
donde todos comen porque las manos alcanzan
la abundancia y el coraje
que nos sobrevive al miedo.

La bisabuela salió desde La Popa en el 26,
atravesó la selva espesa y abordó cayucos
persiguiendo
universos
en el intenso follaje de los tambores.

La bisabuela levantó una casa
de un par de cuartos
donde metió todas sus frugalidades
y se dedicó a levantar la vida
con sus brazos generosos.

La bisabuela bajaba al muelle
con el platón
de frituras
de madrugada

atravesaba el Gatún en lancha y de ahí
a la tacita de oro,
pa' vendé carimañolas y tortillas.

La bisabuela vendía huevos y lavaba ropa
con tal de seguir insistiendo en la vida
a pesar de los fragores.

Cada verano,
la bisabuela miraba el baile de los congos
desde el portal de la casa de madera
y con su cuerpo de ancestra fuerte
cocinaba bollos con café pa' to los diablos.

La bisabuela se sentaba en la mecedora
por las tardes,
a fumar tabaco con la llama pa' dentro
y luego nos heredaba relatos y canciones,
con los ojos llenos de luciérnagas.

Con sus dedos fecundos y su canto sereno,
la bisabuela crió sola a tres hijos
y murió una tarde recordando el lago
que le ofreció la savia
y el sustento.

La bisabuela era tan frondosa
que luego de irse en el aljibe
regresó a su mecedora cada noche
para seguir contándonos memoria
en la ceniza
que dejaba
sobre el suelo.

El tiempo no alcanzó
pa' darle a la *Lololo* un abrazo
pero su legado está presente en mi cocina,
mi palabra
y mi memoria de agua dulce.

Nengue

Es un imperio esa luz que se apaga o una luciérnaga.
Jorge Luis Borges

Mi abuelo tenía unas manos callosas y fuertes como un árbol

Mi abuelo sembraba año tras año
abriendo surcos en esta tierra caliente

Mi abuelo no tuvo lo que suelen tener los normales
una casa bonita
aparatos tecnológicos
o un carro

Mi abuelo tenía la tierra
y la tierra lo tenía a él

no escribía más que su nombre
pero nos brindaba fruta y queso

Cuando ya sus manos no pudieron amar la tierra
para que esta le devolviera pasión en una cosecha
se hizo pequeñito y achurrado

Y la tierra acogió su carne   y su silencio.

Luego de una vida sembrando la tierra,
mi abuelo fue sembrado en ella
y ahora son un solo cuerpo.

Pero nadie conocería a mi abuelo
Si yo no lo escribo
Si yo no siembro su recuerdo en esta hoja
que me alimenta de memoria
al igual que la comida
a
este
cuerpo
que
late

Mi abuelo
en plena invasión

cruzando una ciudad que ardía de muertos

logró cruzar el puente
con un camión lleno de brotes y raíces
para alimentar la vida
de sus hijos y sus nietos
harta de miedo y de hambre
tras el bombardeo que marcó
un antes y un después.

Mi abuelo,
a quien yo le escribo cobijada en la poesía
estaba lleno de ella en sus manos

Al igual que la tierra
que en un proceso lleno de asombro
con solo agua,
luz,
una voz oculta en unas manos
y un canto que sale del pecho profundo

Nos brinda una palabra entre muchas: alimento.

Ahora he comprendido aquellas que una vez fueron dichas:

No solo de pan vive el hombre.

Somos hechos de poesía.

Diario

Callan las cuerdas. / La música sabía / lo que yo siento
—Jorge Luis Borges

Cuando extraño a mi mamá,
me acuesto en su cama y me duermo
sintiendo el olor de su almohada.

Es un olor de cielo suavecito,
tal como se mira su sonrisa.

Infusión de palabras

Una vastedad de tiempo
penetra en un pequeño espacio
e intuyo la infinitud de un significado.

Cuando mi madre teje sueños comprendo
la proximidad de las respuestas.
El conocimiento del origen y todas las caricias
se convierten en un rito,
un legado que te acoge.

Hay manos que forman cercanía en lo cotidiano.
Otras, ásperas como el frío que nos corta,
asestan relatos rotos, desbordados.
Y también existe la poesía
que conecta las ausencias.

Las manos de mi madre
—como la madre tierra—
traen el abrazo de la brisa
como puente de los ecos ancestrales.

Necesito cerrar mis ojos y volver a escuchar
la canción de cuna de tus labios.
Preciso un baño de flores y hojas en el cuerpo
una infusión de romero en el albor, con tu sonrisa.

Ha brotado un ojo de agua en mi mirada
En la mejilla corre,
buscando un río.
Formará parte de un arrullo
que complete las palabras que hacen falta.

Al Viendolejos

Una imagen es un complejo intelectual y emocional
en un instante de tiempo.
—Ezra Pound

Cuando llegue el invierno,
Viendolejos
pósate en mi ventana
y cántame las canciones
con las que crecí.

Libélulas

Observo una danza de libélulas
 en el núcleo de este invierno sumergido
cuyas aguas me llevan a la fuente primigenia
 de las edades y los ciclos.

Bullen en medio de un silencio transparente
 que dibuja orlas que conmueven al viento,
 trenzan la nota de un amor indecible
 en los días de luz y agua entre los pájaros.

Su visión profunda de la unión posible
 no evita que mientras intentan aparearse
 las aves aprisionen sus cuerpos de esmeralda.

Y así, ambas celebraciones conjugan
el origen y la extinción
 donde no para la lluvia.

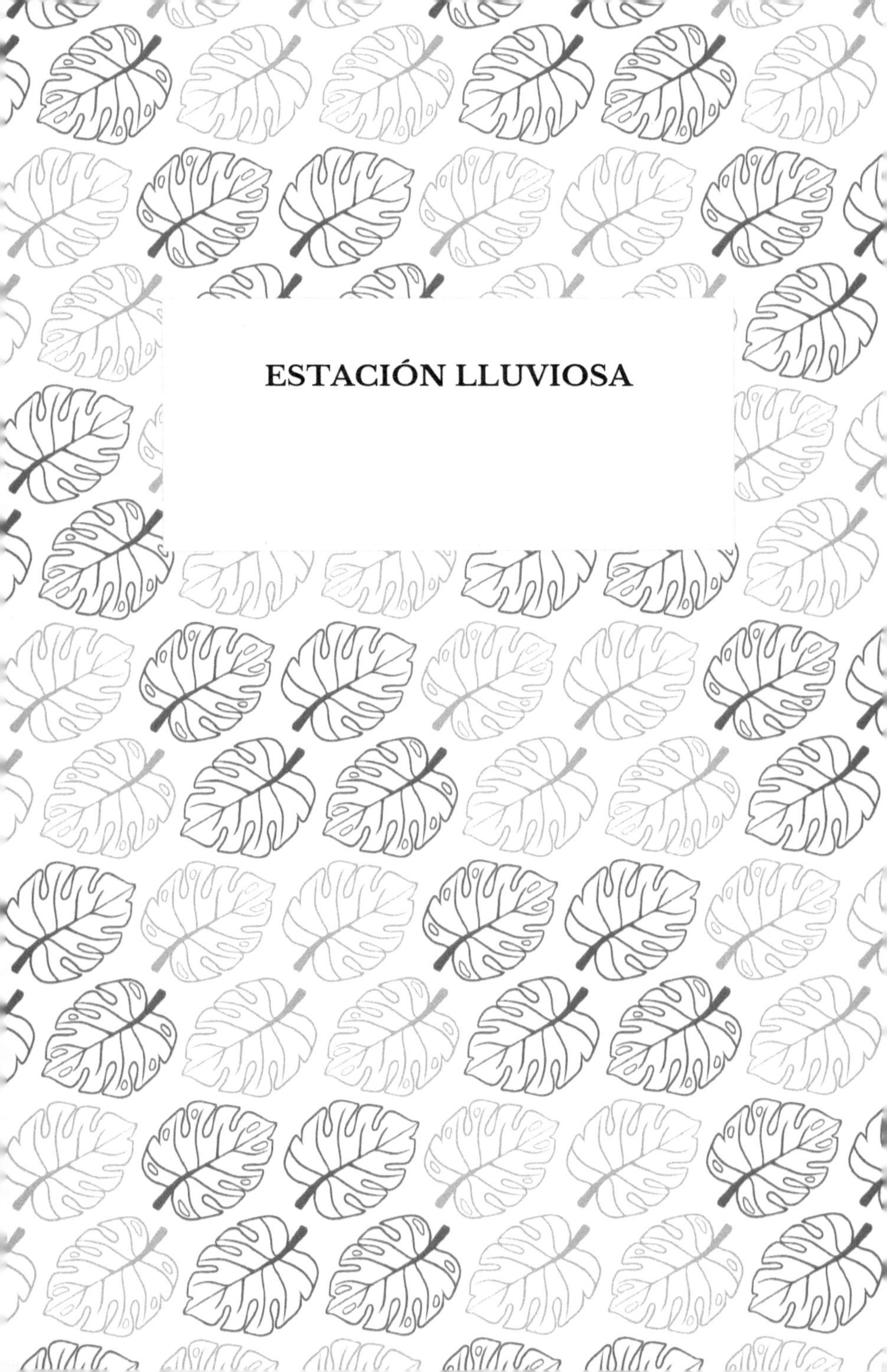

ESTACIÓN LLUVIOSA

I. La lluvia (agua)

Pensamiento, poesía, palabras, amor.
No hay nada más real.
—J. L. Rodríguez Pittí

N EL JARDÍN, DURANTE EL SILENCIO lleno de grillos que tocan salterios tras la lluvia, la fronda centelleante inunda la brisa, y toda la savia de la naturaleza maravilla nuestros sentidos con aromas conocidos, voces de nuestra infancia y la exuberancia del amor caribe que nos rebosa. Trópico: entorno esencial que comprende el lenguaje vivo de lo que somos y que se transforma en poesía.

1

Todos los silencios acudieron al llamado
cuando tú pronunciaste mi nombre.

Lectura

Contemplo el lenguaje de tus ojos
y dibujo un ideograma de todo lo que siento
Escucho tu palabra
y la savia que te recorre me alimenta.

La humanidad es muchedumbre
inmutable y tú,
tú tocarás mi aura.

Te amaré descubriéndonos poesía
susurrando voces como un arroyo.

Tu palabra es todo lo que construye quererte.

Eres mi pensamiento.

Petricor

Mis ojos cantan distintos tiempos
explorando tu caricia en toda lengua.

Mis manos afinan tonos
para tocar tu piel como guitarra
y musitar farsi en tu barba
con la danza de mis besos.

Mis labios pretenden evocación gitana
en donde estalle tu amor como saloma.

Mi piel percusiona silencios
donde atesores jazmines cimarrones
en mi vientre.

Todo mi cuerpo necesita maíz
sembrado de lunas.

Ven, amor,
que huele a lluvia.

3

Llueve
otra vez

y en el estanque los nenúfares florecen
al abrazo de la lluvia.

Llega el día de la anunciación de los besos.

Llega la noche en que las cópulas sobre la hierba,
harán cantar a los ruiseñores
cuando amanezca.

4

Llueve
    otra vez

El agua se ha convertido en vino
        y el beso que quiero darte
        aun
        aguarda
        en mi boca.

Los cántaros están repletos
        Solo faltas tú.

Lluvia

La lluvia humedece este suelo de hojas
          y emerges como una idea.
Descubro libélulas en coito transparente
y veo en su signo de amor perfecto
          a la poesía encarnada en una corola.

Imagino descubrirte detrás de un árbol
e inhalo nuestras canciones futuras

En esta espera verde imagino tus dedos
          —jugando al amor jugando—
          entre mi fronda y mis flores.

Dentro, muy adentro
          donde anida el agua fresca
          se desata un barullo
          en el remanso de mi vientre.

Cierro los ojos y pienso en las mariposas de tus besos
y escucho el cantar de tu silencio cristalino
bailando este deseo en mis labios.

Aguardo a que el viento me revele tu llegada
para abrir este lago de luciérnagas maduras
          con sus aromas y sus nidos,
               al aullido de la luna.

Haiku

Por ser pensamiento sucesivo y en movimiento,
no existen los nombres aislados en la naturaleza.

Nuestros nombres, en una relación fundamental
acoplan el verbo de nuestros cuerpos.

Punto de encuentro, instante,
sensación de universo:

Haiku

O la súbita libertad que sentimos
cuando vemos una obra de arte,
o construimos poesía.

Salta al nido
pájaro de soles
brilla la luna.

Remanso y caos
territorio de fuego
ruge el tigre.

Riachuelo y beso
la curva de una hoja:
¡Oh, suspiro!

Una mariposa
bebe el rocío:
¡Profecía!

Sutil helecho
bramido de soles
me tocas tú.

Amanece
péndulo del viento
¡Abre la flor!

Coito y lenguaje
composición continua de nosotros
el legado y forma universal de nuestra lengua.

Cosmovisión

Tu arroyo de palabras surge mucho antes del tiempo,

ya estaban dichas a años luz en mi boca
antes de sabernos tú y yo
en el ahora.

Cautivaste mi cosmos en el origen
transfigurando todos los cautiverios.

Libero mimos oscuros en la llanura de tu pecho,
para romper las imposibilidades de todas las eras.

Galopa *habib* la cima de Venus,
blasfema tabúes con tu ciencia fecunda
y aviva la música que incendia
el árbol de fuego desde el renacimiento.

Copula versos en esta tierra de mitos
que brote de nuestro cuerpo la primera jarcha conocida
aquella poesía que dio inicio a nuestra lengua
en el sintagma de un beso.

Legado

Preciso tocarte cada nota de la noche
        por los soles y las lunas que guardé en la memoria
y escribirte la piel a ritmo de

kinnor
ney persa
guitarra española
y tambor

cimbrando la sierpe de mis caderas.

Guardo para ti un lejano canto mozárabe
        la tibia lumbre de los lenguajes
                en esta piel legado de instrumentos
y cantos precolombinos.

Te invito a recorrer mis aromas caribes
        mango, maíz y yerba santa
y palpar mi sabor a platanal y piña dulce.

Esta noche
        la música de los tiempos que nos habitan
                los ritmos que forman nuestro legado
llenarán el espacio con las palabras a/cogidas
                para copular este momento.

Pasión

Me pidió un poema
y dibujé canciones ancestrales en la pared.

Evangelicé su esencia, sus contornos, sus rincones,
en un aleteo de mariposa.

Pinté gotas de rocío en las colinas de su espalda,
y sus dedos contaron historias rupestres
en mi ombligo.

Bramó como río embravecido, desatando
corrientes, caudalosa fronda
de amaneceres.

Cuántico y pendular, eclosionó un mamífero
de sangre caliente sobre las hojas,
respirando honduras entre los troncos,
capullo.

Exuberancia dulce,
crisálida de hinchados labios,
fusión de cuerpos en delirio cabalgante.
Sudor, follaje de luciérnagas,
vaivén de tempestades algorítmicas.

Húmedo el campo, amanece
el rastro de susurros conjurados
en pausado regocijo sobre la hierba.

Mis ojos profundos, como lagos,
te miran, poeta:

¿Acaso buscabas amansar demonios
en mis versos?

Edén

El sitio preciso atrapa

un rayo de luz
entre las aguas

y cabalgo estambres en tu pecho.

II. La tormenta (tierra)

HAY LLUVIAS TAN LIGERAS QUE casi no mojan y pasan como pequeños eventos cotidianos. Pero hay veces en que la lluvia cae tan fuerte, que erosiona las manos e inunda los ojos. Cuando llueve así, no hay luna y la noche camina sola. La noche mira a sus estrellas en los lagos y no puede hacer otra cosa que derramarse entera para restablecer el equilibrio. En esas noches, cuando escampa, se ven miles de luciérnagas en los bosques y renace la alegría en las miradas. Pero mientras el aguacero caiga, el charco se vive hasta la garganta.

Sirimiri

I

Me tenderé al sol sobre la hierba
con los ojos abiertos.

Me fecundaré estanque
cuando caiga la lluvia.

Mi cuerpo hidrófilo
      dará vida a dos ninfeas

            Una tú, otra yo.

II

Ahora que llueve
me bebo tus besos
para regalármelos en tu ausencia
      como rocío

Nostalgia

I

Mi piel yace mirando los estratos
buscando tus manos bajo el sol de los silencios

indagando por tus brazos   para no desvanecerme.

Muriendo de sed a kilómetros del río
        mi sonrisa serpentea bajo las hojas
            y se arropa en el rocío de las flores.

Anochecen mis labios
invocando un solo beso tuyo,
                        mío,
                        nuestro.

II

Quise tu amor invariable y eterno.

Hoy me veo tirada en esa esquina
        que tú no conociste
desde donde te mostré la lluvia y el cantar de mis jardines.

        Y yo,
que ya no sé a qué estación llega este ruego
        duermo la soledad   sobre el piso
y la brisa de verano evapora mis fracciones
                                hacia tu recuerdo.

III

Los cuadros han quedado sombríos.

Te extraño setenta veces siete
desde la tarde que marcó
el camino de encontrarnos
        uno frente a otro en el tren de las sonrisas.

Desde ese momento
nuestros cuerpos acogieron los compases ancestrales

y tuvo significado el palpitar de la estrella
en las antiguas noches de exilio.

El aroma a hierba buena unió las aguas,
emergió la luz y la palabra
        mientras gemía un poema.

Bailé sobre el fuego de tu mirada
y tus besos dibujaron memoria en estos labios.

Estás pintado en estas paredes
            como vestigio de la historia.
            Regresa a estos naranjales cuando cante la lluvia.

París

No encuentro tus brazos
y gravito en una cerca de vacío

El hueco en mi pecho abismo
        llora estalactitas de milenios.

Pintaré estos animales
        en la cueva de silencios que braman lluvia.

A papá y mamá

La alegría es la materia del tiempo
y es por excelencia el instante.
—Clarice Lispector

Los fuertes besan el suelo
doblando su tronco rendido
mientras el tiempo entra en alianza
con el aguacero que arrulla la siesta.

La muerte acecha las encías
entretanto
la memoria evoca sonrisas de hoja verde.

En medio de la ciudad y sus abalorios en desuso
anduvimos los parques en los días inmarcesibles,
abrazando ramas
y atrapando soles peregrinos en el viento.

El sollozo engancha sombras en mi garganta
y mi pecho aloja un río enjuto
con flores secas en el fondo
al invocar las huellas transitadas.

Llego a casa,
abrazo las almohadas, me aferro a ellas
para escuchar los poemas del nacimiento.
Quiero aprender a escribir mi nombre otra vez
y sentir que es todo para sentirme grande.

A Mimi

La risa se ha marchado
al infinito de tus ojos
como los adioses de los que van para la guerra,
cabizbajos de lucha y esperanza.

El crepúsculo se anuncia en tus manos
—obra de arte frágil—
donde la piel ha cedido honda,
adherida penosamente a tus despojos.

Evoco tu recuerdo en las mañanas llenas,
atrapando garabatos de mi infancia
camino a tu voz y tus canciones.

Frondosa de veranos,
imaginé tu carcajada en un parasiempre
conmigo, para siempre

tal como se imaginaron los pueblos inundados del Gatún
y los reinos prehispánicos.

La muerte nos mira cineraria
desde el páramo nublo del tiempo.

Brasa de mi nombre
acaricio la ajada tersura adherida a tus huesitos.
Busco tus manos, las sostengo,
y en un momento eterno, me dices:
          te quiero.

          Las palabras son para siempre.
                    ¿Cuánto durará la muerte?

A papá

A dónde fueron los días
entre libros,
siestas,
desfiles
y tardanzas;
ese viaje de ida y vuelta
por la ruta de los árboles sin nombre.

En qué lugar del tiempo
rincón de la calle sin memoria
una ciudad que ya no es nuestra

Se ha ido

Todo es distinto,
ya no está mi perro
y hasta los pasos
suenan diferente.

Nosotros, los mismos ya no tanto
quiénes se quedaron con los años
que nos miran en el espejo.
La ingenuidad de los días
siguió su camino
y aquí estoy repasando las sonrisas.

Vencidos quedaron aquellos árboles
otrora frondosos. Viejos ya,
apenas mueven
sus trémulas hojas amarillas.

Te veo en ese sillón tan tuyo,
acomodado a tu filosofía corporal,
como un nido.

Recuerdo tu voz como un trueno.
Descubro tus ojos cerrados
y apenas alcanzo a decir:

Enséñame, papá
enséñame a hacer un barquito de papel.

Agonía

El escritor se quedó solo
pensando en lo que nunca escribió
en lo que quiso decir
en el minuto interminable de su muerte.

Soledad

A M.B.A.

Colgajo de raíces, telaraña
rota en un sofá de polvo,
evocando noviembres.

Garabateas el silencio
que vaga por las paredes,
imprecando tempestades en la cocina.

Gesticulas en el aire, con tu ira
          encajada en las venas,
aspirando la tristeza, endurecida
          al sol   como la arcilla.

Los tiempos en que volaron colibríes
nadan en un pozo cercano a la muerte.
Tu córnea está encarnada de llanto,
sin más sinopsis que el olvido.

El engendro que te carcome
          y deambula bajo tu vientre cansado,
no ha hecho más que roer tus huesos
          relegados al extravío.
Te has quedado sola.

La pena abrasa tus lágrimas de cayena
a fuego lento,
helando tus hervidas vísceras
en la ciudad del desamparo.

Ante el destiño del tiempo, no queda más
que extender los brazos y acoger el infinito.

Poema oscuro

El artista crea un cuento para dar brío a la imaginación. La artista pinta un caballo que corre hacia las estrellas, tal como en el cuento Caballo y cometa, de Moisés Pascual. La imagen fue escogida por los niños del barrio y representaba la fuerza que aún late, las ganas de sentir el viento que ha sido vencido por el desamparo. Pero siempre están los condenadores, los que solo ven demonios en todas las flores sembradas y las arrancan para mantenernos en su puño, para cerrarnos los ojos.

Acá amanece como siempre
la mañana llena de prejuicios
y de noticias de cadáveres que asesinan mariposas.

Y llueve   salvajemente   llueve

Y rompió solo una flor
      una sola flor atravesó la calle

      pero está tras la cerca
que divide a los que son   de los nadie.

Ante tanta condición adversa
el arco iris ha decidido retirarse
          a su rincón de dormancia.

Ellos ya pertenecen al viento

A Romai, Julio, Katiuska y Abner

El alma los dejó solos
con sus manos apretadas y sus gritos
en la curva de los miedos.

Espera desgarrada de silencios
crujidos,
ramas partidas
ojos despeñados
certeza inmutable de ir cayendo

Como ese pájaro
que ya no canta
y se enconde una noche en el parasiempre,
los latidos huyeron veloces por la hierba
y la tierra atrapó sus venas rotas.

La pregunta quedó en el aire
hasta que la voz anunció los cuerpos
cosidos a las raíces.

El pan, mortaja triste,
quedó asido a la copa de la muerte
esperando el desayuno.

Aquí la brisa se ha detenido a las tres de la tarde
frente a los recuerdos que escuchan
la última palabra.

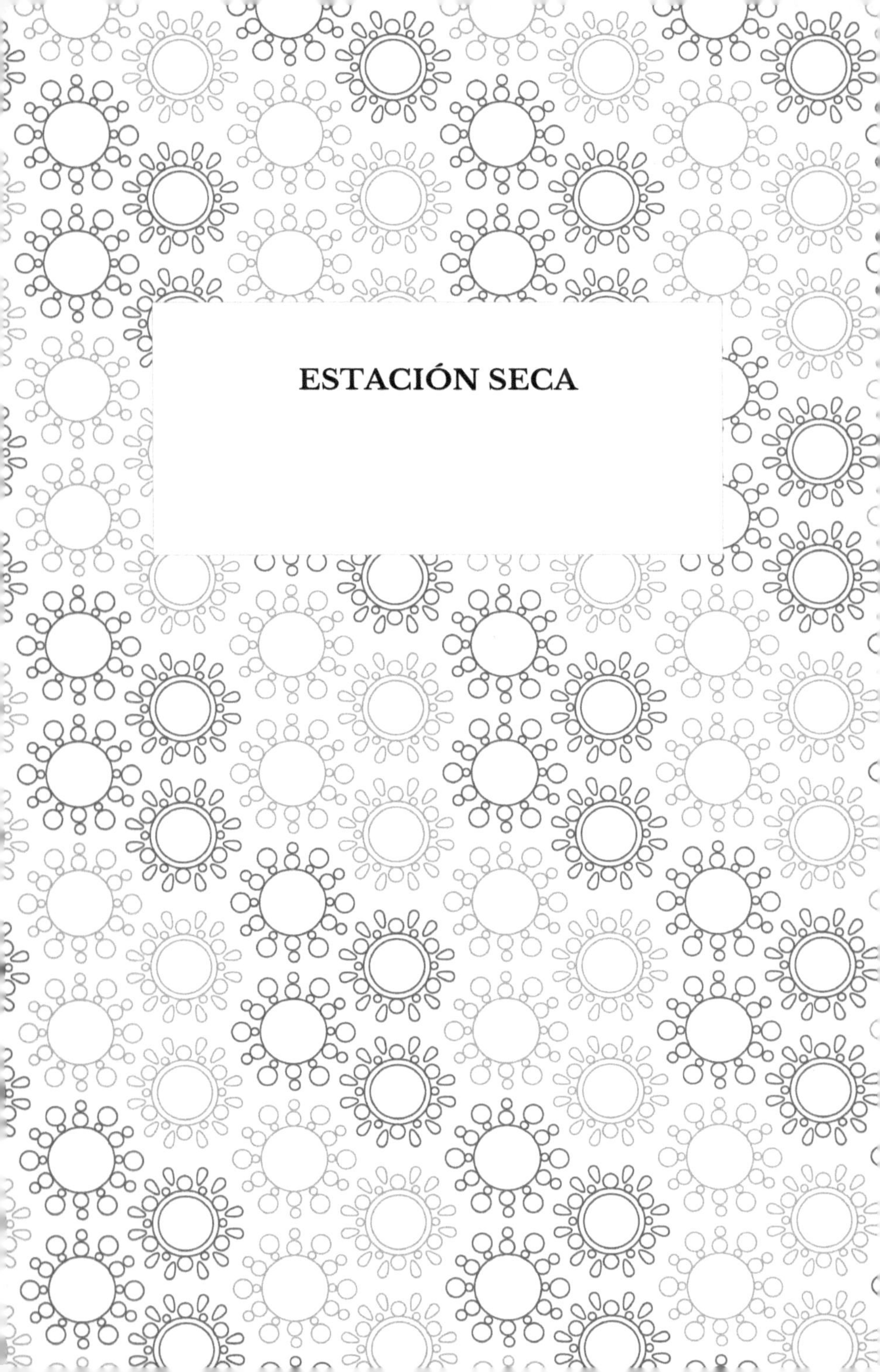

ESTACIÓN SECA

III. La sequía (fuego)

Hay momentos en que la lluvia se detiene. Y entonces todo se seca, menos nuestros ojos. Toca abrazar el silencio, asir el canto de los pájaros y afinar el tacto para sentir su pequeño latir en nuestro pensamiento. Toca recuperar la música. Es la única manera de seguir haciendo poesía.

Lo único que parece homogéneo por estos alrededores [...]
es el campo económico-político, en el que la corriente
dispersadora neoliberal, [...] los patrones de consumo y
la cultura de masas desbordadas nos devuelven a los
países de esta región a nuestra condición de objetos.
—Margarita Vásquez

La literatura [...] es la reserva mayor que poseemos para
enfrentar los embates disgregantes del mundo en que vivimos .
—Margarita Vásquez

Al candidato performático

Yo creo Alfredo
que lo que no comprendieron fue el sentido de despojo
de falta de identidad y de esperanza,
porque encima de que ya lo hemos perdido todo
no una vez sino muchas a lo largo del tiempo
de que hasta las aves y los sueños han muerto,

ya no hay país para sonreír.

Porque si una vez,
con toda la fuerza de los dioses y los mitos

fuimos estrangulados

porque si los que hemos luchado
hemos perdido hasta los ojos
para que no veamos el pillaje de los cuervos

Ahora en este laberinto
ya no encontramos nombre para la bestia.

Por ende,
el desnudo de un hombre
ante el hecho cierto de que ya sin voces que le acompañen,
no le queda más que su piel para llorar,

es visto como una blasfemia
ante los cancerberos de lo onírico.

Dos niñas de Abya Yala

I

La niña jugaba en el patio.

La abuela se levantó de la mecedora
y atizó el fogón.

Al regresar gritó su nombre;
y empezó a oler el agüero.

El dolor llegó de noche
entre las sábanas del padrino
que prefirió predicarle la muerte.

II

Salió de la escuela como de costumbre,
y siguió el sendero largo hacia la montaña.

Era tan única como sus sueños

Y su madre
con su boca arrugada
la llenaba de besos cada tarde.

Ese día llegó la ausencia
disfrazada de retraso.

Y nunca más la niña cantó camino a casa,
entre el maizal de los miedos.

En el asilo

En el asilo queda sepultado el recuerdo
y el amor se convierte en un capullo vacío
donde las arrugas molestan para dormir.

La abuela rememoraba canciones y nos cuidaba cada tarde,
    y crecimos duros entre sus sabrosas carcajadas.
La abuela olvida contando rosarios tristes
    y sus manos han quedado desnudas de tesoros.

    La cuidan extraños sin un nombre,
        sin concordancia de género y de número.

La abuela nos floreció en su árbol legendario
y hoy cortamos la raíz de sus desvelos
    ¡Carajo, se van todos a la mierda!
        Oración exclamativa de rabia.

La abuela preservó el olor de nuestro nido
y celebró con nosotros los calendarios.
    Agotará su espera exiliada.
        Futuro indicativo, oración sin atributo.

Cuando llegue el tren de los adioses
¿Quién? Si ya no somos ellos; ni ellos, nosotros.
    ¿Enunciado o pregunta?

La abuela fue convertida en una isla de silencios
alejada como tela rota   sacudida   inservible
    trapo
        sujeto simple.

La abuela está llena de olores viejos,
    de presagios y sueños de otro siglo.
A esta hora, bulto en el ático sin esperanza.
    Dame una respuesta en oración completa, por favor.

No somos nosotros los culpables
    es el éxito, el trabajo, la vida.
Nos daba la merienda y ahora es moho en una arista
    Antítesis.

¿Recuerdas lo lindo que era verla a la salida de la escuela?
Los almuerzos al mediodía,
    la merienda de las tres
        las vacaciones en el Gatún escuchando los tambores
            los diablos en el parque
        la terraza llena de estrellas...
            Enumeración caótica.

Ahora estará con su memoria cayendo cada tarde.
  Oración completa/ mente lamentable.
  Complemento directo con adverbio de tiempo indefinido.

    Murió y nadie sostuvo sus manos.
        Sujeto implícito en soledad.

Ciudad dividida, año 2020

Estoy por detrás de lo que queda detrás del pensamiento.
—Clarice Lispector

Suelo guardar en el baúl del infortunio las memorias no gratas,
pero este año el tiempo se ha detenido a oler nuestro miedo
y solo queda mirar el techo y repasar momentos,
para no sentir que este es el peor de todos.

Dada mi tendencia a la desolación,
lo confieso,
araño las podredumbres razonables,
aquellas que me hacen sentir
marioneta triste de país.

En la primaria, recuerdo,
por más apuro que llevara en el cuerpo,
recorría todos los pisos para hallar el váter apropiado, aquel
que no tuviera heces como engrudo
adherido a las paredes.
En esos tiempos de lucha por la soberanía y el espacio
era prohibido traspasar tanto la zona del canal,
como los pisos de los otros grados.

Con todas esas reglas impuestas desde el primer patriarca,
se buscaba mantener a cada cual
en su lugar de pertenencia.

Era imposible, a pesar de la geometría y el arte,
trazar una línea diferente,
tal como hoy   caminar cualquier calle
fuera de la hora permitida,
a pesar del hambre.

Y yo, desde el primer diente de leche
que decidió caer antes que seguir colgando,
intuí que algo no estaba bien en esta ciudad dividida.

Una ciudad donde los privilegios se santiguan
mientras dejan de pagar las cuotas patronales;
y hombres horrorables hacen orgías que terminan
con mujeres volando hacia las rocas.

En mi escuela ubicada en Calidonia,
a diario nos daban cremas y galletas en el comedor,
pero los baños permanecían inundados de orines.

Recuerdo cada vez que tuve que aguantar la respiración
y andar
de puntillas
entre las aguas pútridas.

Ese espectáculo repugnante
me demostraba que yo no formaba parte,
tal como escuchaba en los medios a toda hora,
de los hijos predilectos de no sé qué revolución.

Mi escuela
seguramente quedaba
en otro país

uno que era nauseabundo
lleno de miserables,
donde nadie quería mirar.

Cada día improvisaba maromas para no deshonrarme,
aprendía la diferencia entre materia sólida, líquida y acuosa;
y a reconocer una alimentación desbalanceada
por los colores y consistencias de las heces.

Cada día sobreviví a la pestilencia del entorno
a aliviar mi necesidad como pudiera
en medio de toda la inmundicia de un país
sintetizada en un baño.

Nunca entendí, por ejemplo,
por qué debía besar la mano del obispo
o bailar la *cueca* ante la visita del embajador,
Si ninguno de los dos
lograba mover un dedo entre lo justo y lo necesario
para que los niños y niñas usáramos un baño limpio.

Han pasado tantos años
y en esta ciudad habitada de pactos de lujo
persistimos en los calificativos excelentísimos,
contra todas las ineptitudes.

La injusticia
va sonriendo
con la espada en alto,
y el cardumen que la aguanta
soporta sus pezuñas en la espalda.

Hoy, a pesar de los *malls* y los puentes sobre el canal
malvivimos en una sociedad en decadencia
que se transfigura de clase
consumiendo heces empacadas en plástico
mientras respira cortito
en medio de las carencias y el abuso.

Un país donde a pesar del maravilloso legado caribe
y todos los orígenes que nos rebosan,
protestar es castigado
la salud una franquicia
y la educación llega según la cobertura.

Las autoridades siguen siendo las mismas de ayer
con pecados perdonados embutidos en el pecho,
mientras nosotros seguimos de puntillas,
preñados de rabia sin saber quiénes somos
silenciados y con miedo,

Tratando de no embarrarnos de mierda.

Ave

A un obrero que vi caer

Lo vi volar
          en picada
y sus sueños
se estrellaron contra el pavimento.

Dejó su sangre   indicio triste
de recuerdos no vividos
y mañanas
                    frag
                              men
                                        ta
                                                  das.

Cuando volaba,
          recordó que había cercenado sus alas
                    al rendirse al silencio.

Desde el 20 de diciembre de 1989

Pronto todo el bosque será de fuego.
—JL Rodríguez Pittí

El paisaje arde en cada ojo
como aquella madrugada crepitante
en que las llamas abrasaron gritos
y la sonrisa quedó clausurada en el olvido.

Las lágrimas aún lloran solas a sus muertos
porque muchos todavía siguen perdidos.

Aquí quedamos
esperando una voz, una llamada
unos pasos conocidos en el piso,
unas llaves aterrando los escombros.

El zumbido del animal negro

que
volaba
sobre
las
ánimas
próximas

cicatrizó el sueño en las pestañas
Y borró zaguanes, esquinas y veranos.

Los cristales rotos
igual que los floreros y los platos
aullaron en el tímpano

Los dominós quedaron impresos en la calle
señalando los puntos donde lloró un sueño calcinado.

Hoy, la ciudad araña rostros
en la memoria de los úteros mordidos
que
cohabitan
expuestos
en la calle

en medio de la rabia y el silencio.

El cemento cruje iracundo se retuerce

Aquellas miradas grabadas en la ceniza
insisten
resisten
no descansan
nos desgarran

Y la voz surge vuelta llama desde las fosas
Desde donde el grito de los que no duermen

Nos despierta cada noche.

Santificado

I

En la habitación
con todos los juguetes viendo
la criatura fue vejada simulando un juego.

No importó la vestidura,
ni el oficio.
Ni el conocimiento del bien y el mal.

Ni la flor que decoraba la mesa
pudo impedir
que la oscuridad llenara la ventana.

II

La ira arrancó la sonrisa de su rostro
al descubrir su cuerpo sucio.

Intentó moverse y no pudo más
que lavar sus heridas con lágrimas.

Se quedó tendida en el cuarto del obispo,
escuchando las alabanzas a un dios,
cuya palabra la atravesó sin piedad.

III

Llevaba las ofrendas con manos temblorosas.

Aquel que lo había desflorado rugiendo sobre su espalda,
    lo esperaba en el altar con los ojos fríos

El vitral manchó de colores su túnica roja,
        y un dolor animal, como de mordida,
    ardió sangrando cuando bajó la cabeza
    ante la mano que empuñó
        la espada santa.

Patriarca de linaje

Mi madre tiene los ojos abiertos.
Está tirada en la cocina
        sobre su sangre y sus heces.

Mi padre llegó gritando a las tres de la mañana.

Arrancó a mi madre de la cama de los sueños compartidos
        y la estrelló en la pared
            salpicando la tristeza
            sobre nosotros.

Los muebles nos cubrieron de sombras.

        Mi madre descansa endurecida sobre el piso;
        mi padre mira el vacío del abismo
            a través de los cristales rojos.

        Nosotros, que vimos todo,   también estamos fríos.

Nacer en una tarde de aguacero

Fue a buscar agua.
    Era el mayor de los siete
    y tan solo once años.

Su madre acababa de dar a luz aquella tarde de aguacero.

Salió apresurado hacia el río.
Llevaba la olla del hambre colgada al brazo.

Sus pies corrían en resbaladera precipitada.

Encontró el ojo de agua cubierto de escombros
    y en un santiamén
        resbaló hacia el mar
    que solo arrastra a los descalzos.

Patología invisible

Me acuesto con hambre
    otra vez.

Aquella que me trajo mira para otro lado y me culpa

Su hombre,
    como otros antes,
persigue los pechos de su cría.

Me arde el orbe
    y he sangrado.

En la noche —como todas—
    en esta oscuridad que me devora
tras la puerta de mi cuarto,
ese maldito tragará su ración de patriarca,

mientras el perro ladra mi tristeza.

Abandono colateral

Se han marchado
    —como cada noche—
    y nos han dejado solos.

    Mi hermanito y yo dormimos abrazados,
        oyendo el canto del hambre.
Ella vende sus aromas en tacones
Él, polvo para soñadores en bolsitas individuales.

Llega la mañana y los bostezos rechinan
            en el vacío que llena nuestros cuerpos.

Cada amanecer,
        en la cantina lateral a nuestro cuarto,
papá y mamá liban los colores de la aurora,
    haciéndonos olvido.

Indigente

¿Lo que no veo no existe?
—Clarice Lispector

Me he levantado y no reconozco los ojos
que me miran en el espejo;
torsos parecidos al mío me observan desde el piso,
cada uno, con un rictus diferente,
busca las respuestas no encontradas.

No entiendo qué preguntan.

Sus manos me hacen señas que no entiendo
y sus bocas gesticulan palabras inaudibles
mostrándome los dientes furiosos,
como canes iracundos.

Ninguno de mis torsos quiere aceptar el fracaso
Ninguno de todos esos yo   fue lo bastante libre
para
dejar ir
las exigencias
O irnos a caminar juntos cualquier tarde
para detenernos a escuchar
un pájaro cantando.

Todos
cada mañana sin excepción,
me exigían el éxito rotundo.

Cargaba con todos ellos
a toda hora conmigo
hablando sin parar para que no parara.

Me empeñaban el sueño
con ciclones energéticos
persiguiendo al empleado del mes
sobre el reloj de marcación.

Ese asalariado venturoso,
enmarcado de renuncias y corbatita
a juego con su hambre
satisfecho de ser el mínimo más explotado,
aquel que aguantó la muerte más veces que su vecino
con idéntica corbata.

Otra derrota.

Aquella noche,
mientras repasaba la fórmula para maximizar mis recursos
encontré mis pestañas dispersas en el techo,
barriendo mis estómagos descalzos.

Empecé a quitarme la multitud de los mi de encima;
estaban comiéndome desde adentro,
mordiéndome las rabias.

Apagué las luces y al llamar el día
el despertador levantó el asedio
de las almas despojadas.

Vi con horror
todos los fuegos
y los afilados dientes
de los expoliadores consagrados
y sus perros

el sinfín de miradas de los réprobos amputados,
los ojos fríos de todos los rotos por el hambre
y una multitud de manos
me vomitó las esclavitudes
que negaron mis silencios.

Se busca un nuevo día.

No sé cuándo me arrolló este tren
de presente perforado,
pero ahora recorro la ciudad
indigente de tiempo y de sentido,

por fin desnudo de mí mismo.

El lago, nuestro espejo triste

A los siete jóvenes asesinados en Colón
el viernes 17 de julio de 2020.

Ya anocheció. / Miro el cielo atrapando
soles. / Busco la trayectoria de tu sonrisa.

Aquí sedienta enlazo las palabras,
los nacimientos y las lunas
ante los insectos germinados y los ritos
que se alimentan de la descomposición que late

Pido perdón a los niños y las niñas,
a los jóvenes y a todos los presentes,
por ser la generación que calló por miedo

El malestar oscuro de las certezas
ejecutó de acechos mi pensamiento
y preferí mirar para otro lado

Lamento no haber luchado
Lamento la tiniebla que ayudé a extender
Mientras
caían
los escombros

Aquello que no nació por las infinitas formas del silencio
por la costumbre de ser cobardes
por seguir ajenos a la música,
Nos golpea el pecho contra la roca.

Ahora vive un monstruo en forma de cuña entre nosotros
Nos punza las vísceras suplicantes
Se come nuestra muerte
y lo que queda que ya no somos.

El reloj se incrusta en el eclipse
mientras la realidad se nos cae de los brazos
gritando las palabras finales
de los sueños de nuestros hijos.

Mi voz, enmudecida de lamentos
al llorar este destierro de aves
ha sepultado las flores
antes de caer la tarde.

Un nosotros fue enterrado vivo.
El estandarte solitario se deshizo
oscuro, húmedo, triste.
Hoy llovieron adioses tempranos.

La tierra recibió en aguacero
la sangre de nuestros hijos.

Este viaje teñido de martirios
y discursos promiscuos
ha desatado furias repletas de mutaciones.

Perdón, muchachitos tristes
Los distintos tipos de silencio
el mío el de muchos el de todos
parieron el hoy nefasto y vuestra muerte.

IV. El viento (aire)

L OLOR DE LA LLUVIA, SIEMPRE distinto y siempre el mismo, nos trae a la memoria aromas, miradas, gestos, palabras, país y pensamiento. Somos seres de palabras. Palabras pensadas, palabras dichas, palabras sentidas, palabras cantadas, palabras escritas. Cuando llueve, todas las palabras se juntan formando un solo cuerpo.

7

No fueron encuentro ninguno de nuestros infiernos, poesía.

Ahora que mis venas se han vuelto frágiles
y cortos mis latidos,
ardes aquí dentro con todos los motivos,
y quemas.

Tus pulsaciones estallan en mi carne
y este universo se extiende hacia ti
sin llegar a abrazarte.

Recorrí sola la noche en que llovieron cicatrices,
en que la corriente surcó herejías de abandono.

Caminabas, tú también, entre azueros y estaciones,
Y tu ausencia, inmensa como la falta de luz,
indujo a las arrieras a cortar hojas y perfumes.

Te busqué debajo de la noche,
entre las prisiones de este laberinto.

No engendraste conmigo las luciérnagas
de este estanque
que
lloró
sequía.

Viniste a media tarde sembrando tu palabra
iluminando la espiral que me faltaba en el aire.

Ahora y es ahora
recorre el territorio de mieles con tu lengua
Casi se hace tarde,
Arrúllame, que anochece.

Llenemos de palabras este espacio nuestro.

Poema en reserva

Vives en cada fibra de mi ser
y mi piel te resguarda,
hasta el momento —ha de llegar, lo afirmas—
en que regresaré al origen,
porque soy un fragmento desprendido de ti.
—Elsie Alvarado de Ricord

Por todos los solsticios que pasaron sin nosotros.
Por todos los te quiero que se rompen en el piso
espero
tus besos
como goteras
en este balde de los desamparos.

Hace frío
y la memoria acecha bajo las hojas.

En cada veranera no hay sino un lienzo brácteo
y el recuerdo de tu barba dulce merodeando mi cintura.

Todo este jardín huele a ti.

¿Qué voy a hacer con todos mis labios?

Poeta en la periferia

A García Lorca

Querido Federico,
necesito contarte que la aurora ha muerto
entre la roña y las cruces.

Que deambula aplastada por el cinismo capital,
          entre el asfalto.

Que las sombras le ganaron a la brisa, al árbol y al sendero;
y la música ha sido desterrada de las sienes.

Las mañanas se han rendido en el afán enajenado,
en el cieno, los alambres y los gritos;
el mismo paisaje seco que viste en la ciudad
          de los hombres que no sueñan.

En la periferia de los sobrecostos y la injusticia,
los hacedores de descalzos pusieron a dormir los cantos de cuna
y en cada esquina levantaron los andamios de la ignorancia,
dejándonos como estatuas de suicidio,
          enterrados en los orines de los perros.

Las flores han sido degolladas de los tallos, mientras
las manos aplauden estas fiebres
y el temblor pedigüeño de ofrendas y coimas
nos arroja de boca al piso.

La vida quedó sepultada en el oficio pernicioso
en la vigilia de ajenos nidos relucientes;

y nuestros hijos

encadenados,
repletos de olvido y de miedo
mueren con la camiseta puesta
persiguiendo diminutas alegrías.

El pensamiento ha huido al infortunio,
nos hemos quedado solos ante el hambre
desnudos de memoria y de sentido,
desde el día en que la codicia quedó servida
como medida de progreso.

Transcribimos, en esta ciudad occisa,
el coro de las dalias muertas.

Como verás, Federico,
la sangre que te dolió como río
sigue siendo el cante jondo de los cuerpos.

Y los que lloramos cada mañana en este cementerio,
insistimos en buscar el paraje de las luciérnagas
encontrar las miradas y las flores,
porque el amor sigue siendo el mismo.

Poesía en resistencia

Por esto estoy aquí / desnuda / con todo lo que tengo.
—Mireya Hernández

El aire juega entre las hojas con los cronopios verdes
y yo me arrastro evaporándome
entre las piedras,
huyendo de la mariposa nocturna
que presagia la muerte.

Este corazón, como agua,
se precipita hacia las sombras

Hacia el vacío de lo horrendo.

Se ha hecho silencio a pesar de las flores
A pesar del sol y lo aparente,
mi alma tirita y no logro sostener la taza.

Insisto en la poesía, a pesar de las noticias
a pesar de estar a diario oprimida en el transporte
sin justicia   ni trabajo
a pesar de las mujeres azotadas por sus alas
a pesar de los niños abatidos por sus sueños
a pesar de las niñas mordidas por los patriarcas
a pesar de la ira de los jóvenes asesinos
que celebran
los mismos años
que esta ciudad insuficiente.

Cada día al ver las caras enjutas de mi gente
cabizbajas de resignación y de miedo
        que persignan la palabra de sus culpas

Me obstino en abrir la mañana
        porque quizás hoy renazca un manantial
        en este jardín heredado de luchas y olvidos.

Cada noche en resistencia
deliro los rosarios de la historia
        Y una vez más en el calvario de los tiempos
no hay brotes que permitan cosechar fruta
        en este huerto desolado por capitalesy excavaciones.

Quién sabe si en otro útero recuerde mi nacimiento
        sienta la caricia de las manos que tejen la memoria,
                el aroma que me devuelve al origen
        y escuche las voces antiguas del río, el mar y el viento.

Cuando el árbol de cada niño y cada niña prospere
        en el vientre procreador de las canciones
Cuando no pidan soldados para la guerra,
Ni solo unos cuantos alcancen el derecho a la alegría,

                Quizá estos ojos no se apaguen desnudos
                        y sea posible un edén
                sin la sierpe.

Reflexiones eternas

Me tiro en la vastedad de mi cama
con los brazos extendidos
mirando al techo
Y me pongo a pensar
como si hubiera tiempo

Como si no existiera la muerte.

Vigilancia mutua

Mientras me baño
una lagartija me observa desde el techo.

Sus ojos negros mi miran intensos,
        me perturban.

Me pregunto si será impúdica
o solo me acecha por miedo a un *jaque mate*.

Yo intento adivinar su próximo paso.

Ambas estamos aterradas de desnudez
        y nuestra piel es del mismo color.

Situación límite

La vida empuja hasta el fondo del abismo.
Te hundes en ese charco que está en la calle
y la lluvia llora sobre tu desgracia.
Estás al borde.
La conciencia ya no existe.
Abraza la fosa / cae al fondo.

La vida es una mentira
¿O la mentira es la muerte?

Es difícil caminar
con la punta de los tacones
sobre el cuello.

Huir para que no te alcance
el que llega para pisarte
y aun así seguir haciendo costra.

No entiendes por qué necesita verte sin palabras
y acaso también sin tus dientes.

La cuestión es acabar contigo porque se siente insuficiente
Y supone que zanja esa carencia
si te cocina como Tántalo a su hijo.
¿Acaso es lo único que lo persigue?

¿Qué significa estar vivo?
¿Estoy respirando o solo sueño que respiro?

La vida es una diatriba contra nosotros mismos
Y los otros.

Lo fáctico demuestra, una y otra vez,
que todo lo que pretende someternos
está hecho a imagen y semejanza
de los testículos de Cronos.

Todo el discurso esgrimido por los siglos de los siglos
No es más que un meandro de mentiras dispuestas
a que unos y también los otros
no sientan su esperma reprimida.

Les cuesta admitir las ganas
de no ser siquiera ellos mismos
Y todo esto ha llegado al límite
¡Ya!
Es hora de desafiar a Anteo
y exponer su calavera.

Maléfica, desplumada

Porque ya nadie me ata [...] quiero alimentarme
directamente de la placenta.
—Clarice Lispector

Siento mis alas como si estuvieran conmigo.

Respiro como piedra, silente,
arrastrando la raíz de mis tallos.
Derramo la savia de mis hojas lagrímeas,
quemando mi garganta tus aguas pútridas.

Me aferro al aire, transparencia que me envuelve
me aferro al aire, me abraza cayendo
desnuda.
Me aferro al nido como instinto básico
me aferro a mí,   que aún me siento ígnea.

Efímero crecerá un bosque de espinas
mientras duelo
por las alas que se han ido.

Rana, rana, monita que sana,
llueve en la cueva la virgen de lava;
si no croa hoy, ranará mañana.

Tram parín por do pingüé,
buca la máscara,
tú serás fue.

CONTINUIDAD DEL TIEMPO

V. Olor a lluvia

Es demasiado cruel saber que la vida es única [...], respondo con la pureza de una alegría indomable. Me niego a estar triste. [...] Estoy alegre en este mismo instante porque me niego a ser vencida, y entonces amo. Como respuesta.
—Clarice Lispector

Platanal y yerba santa

A esa hora las letras de mi nombre treparon las ventanas
        en un intento de escapar hacia la brisa

En esa caverna de frialdades
quedé desnuda y en silencio
        tiritando los despojos
            durante varias oscuridades

Las paredes se hundían repletas de telarañas
        y se reían, sí, a carcajadas se reían
de mis anhelos y querencias.

Me tocó recoger lo llorado
en el cuenco de mi pecho
y caminar con los ojos agrandados por el miedo.

De repente

Una ínfima chispa
        proveniente del origen
me sacó de ese letargo
        y a pesar de las prisiones
me impulsó a luchar contra las cruces.

En ese viaje hacia el averno
lo único que encontré vivo   fueron los recuerdos.

Para mi sorpresa,
las memorias se calzaron mis zapatos de flamenco
y taconearon por horas
mientras el cante jondo de las lunas
me llenaba
el espíritu de tigres

Ese ritmo antiguo despertó a mis ancestras
y todas unieron sus voces en el palenque
mientras el fogón crepitaba de aguaceros

Revolvieron bienmesabe con fiereza
maíz y agua e masa para unas manos fuertes
y rayaron coco pa'el arroz con pescao
pa'dar gusto a los conjuros

Los cantos alrededor del fuego
lavaron la sal que me había quedado expuesta
y desperté cubierta de hojas de platanal y yerba santa.

Resistencia

Qué tal si acompañamos
el hambre compartida
con la taza de café de la mañana
y humedecemos nuestros sueños
los tuyos, los míos,
los de todos

Si en vez de mirarnos desde lejos
encendemos las estrellas en nuestros ojos
tocamos a rebato por lo justo,
y caminamos descalzos
cimbrando la palabra frente a la ciudad dormida.

Es hora de cantar desde los ríos marchitos
y desflorar suspiros en un silencio de voces.
Es hora de empuñar las ideas guardadas en capullos
y romper en flor con la palabra.

Ante la partida de un poeta

A César Young Núñez

Oponer resistencia ante la muerte
no evitará que estas letras
lleguen a su punto final.

El final es un límite imaginario,
fusiona nuestros cuerpos
        como si fuera un para siempre.

Siempre sobra tiempo,
lo que queda
        es eternidad.

El único camino

Tu mundo tan amplio,
    tan lleno de tus verdades
no deja espacio al sueño.

Me aplastan tus convicciones de podredumbre,
tu falo predicador de imposibilidades.

        Te falta poesía.

Yo seguiré creyendo
que la palabra es posible
que una caricia rompe el hielo
que unas manos abiertas construyen cantos
        y destierran murallas

que el arte es el único camino
        en esta historia de legado oscuro e injusticia.

        En vez
        de azotar
            penas
            sobre la mesa.

En vez
        de complacer a los usurpadores

        Yo seguiré tejiendo
            una a una
                    las letras de fuego.

Reencarnación

Quiero encontrar desesperadamente busco
al que tirará la primera piedra
—Bertalicia Peralta

La muerte atrapa el tiempo
de ida y de venida.

Un día sorprendente apareces y lloras
en otro, creces y casi ríes un poco
y al siguiente ya todo ha terminado
ya sea por cansancio,
por falta de recursos
o porque el sistema es una mierda.

Llueve la vida en este charco de tristezas vagabundas.

En este remolino repleto de humedales
no sabemos si avanzamos
o solo recorremos lo que queda por inercia.

Me ha tocado descoser mi piel buscándome
de tanto no saber dónde quedé traspapelada
qué parte del discurso fue un atisbo a la existencia
o si la carne que me cuelga pudo haberse evitado
con algo más de sacrificio.

He perdido tantos poros en la derrota
que los sueños han quedado atrapados en una piel curtida
llena de lunares como intentos proscritos
de todas las luchas usurpadas por las reglas.

Si regreso,
sacaré filo a mis ojos
hasta resurgir de mi vientre.

Si regreso,
fulminaré con algo más que palabras
a todos los malditos.

El amor sigue siendo real

La poesía / se dice y se oye: / es real.
Y apenas digo / es real, / se disipa. / ¿Así es más real?
—Octavio Paz

Una tarde como muchas, llovía.
Y esa noche no brillaron los curucusíes.

Tampoco se escucharon los grillos
y en mi corazón había algo chiquito, que lloraba.

El *genius loci* de este territorio,
        me susurró su pensamiento
y sembró palabras en los estanques
        que se habían formado en el patio.

        Me dijo que no hay nada más real que el amor.

Pero yo seguía llorando y añadió:
¿Es nuestro amor menos cuando estamos lejos,
que cuando estamos al alcance de nuestros sentidos?

        Y atravesando una puerta hecha de agua,
        en cuya entrada había una rosa
regresé a mis diez años
a una tarde en la memoria en que le pregunté a mi abuela
                Cuántos
                    Años

Hacía

que el abuelo había muerto.

No recuerdo qué me respondió aquella vez.

Pero le pregunté también si ella todavía lo quería

Quedó en silencio y puso una canción en el tocadiscos
y la cantaba Recuerdo que llovía aquella tarde.

"Dos gardenias para ti
con ellas quiero decir
Te quiero, te adoro, mi vida"

Mi voz, que no canta, volteó hacia ti

"Ponle toda tu atención
porque son tu corazón y el mío"

No.

Nuestro amor no es menos ahora que estamos lejos,
que cuando estamos al alcance de nuestros sentidos.

La imposibilidad de ver el objeto
(no quiero decir que seas un objeto)
no te hace menos real.
Eres objeto-sujeto de mi amor
y comprendo la distancia
que separa nuestros objetos-sujetos.

Pero la distancia es como la sequía.
Nos habla de vacíos
de espacios ausentes de presencia
de voces imposibles a la caricia
de extrañar tu cuerpo en esta humedad solitaria.

El amor entre nosotros y cada uno de nosotros a su vez
Sigue
siendo
real,
sea que nos toquemos o no.

Pero no estar al alcance de nuestros sentidos, amor,
es como la muerte.

Esa noche, comprendí la razón
por la que mi abuela lloraba:
El amor sigue siendo real.

NOTAS DEL EDITOR

JL Rodríguez Pittí

Sobre las ilustraciones

Ser una flor, es honda
responsabilidad
—Emily Dickinson

Las imágenes que ilustran **Lo que me enseñó la noche** fueron seleccionadas de forma especial de entre las flores e insectos recogidas en varios libros clásicos, todos disponibles digitalmente, que pueden ser de interés para los lectores de este poemario.

Las placas de las páginas 7 y 131 son dibujos realizados por William Swainson (1789-1855) y, aunque no se pueda apreciar en esta edición por ser monocromática, coloreadas por el maestro Gabriel Bayfield (1781-1870) para el libro **Zoological illustrations, or, Original figures and descriptions of new, rare, or interesting animals, selected chiefly from the classes of ornithology, entomology, and conchology, and arranged according to their apparent affinities** (Londres: Baldwin & Cradock, 1829). El trabajo de color de Bayfield era muy apreciado por editores de libros científicos y naturalistas importantes del siglo XIX como Charles Darwin.

El cupido de la página 29 y el paisaje con aves de la 117 son dos de las pinturas realizadas por Philip Reinagle (1749-1833) para la tercera parte del **New Illustration of the Sexual System of Carolus Linnaeus** (Londres: T. Bensley, 1807) que lleva como título **The Temple of Flora**

or Garden of Nature. Ambicioso proyecto del profesor de botánica y médico Robert John Thornton (1768-1837), la sección en la que aparecen estas imágenes es un verdadero florilegio, con poemas sobre el sexo de las plantas, información médica y significados de cada flor en diversas culturas, además de los treinta y tres preciosos grabados al aguatinta, a colores, realizados por Thomas Medland (1765-1833). El libro, de casi 400 páginas con cientos de otros grabados en sus otras secciones más científicas, impreso en forma desordenada entre 1807 y 1812, resultó un fracaso económico colosal que consumió la fortuna recién heredada por Thornton. Sin embargo, estos grabados de extraordinario acabado son considerados aún entre las mejores ilustraciones botánicas jamás realizadas.

Las acuarelas de las páginas 47 y 97 son tomadas de un códex de Gherardo Cibo (1512-1600), parte de 131 imágenes que ilustran una versión comentada y ampliada por Pietro Andrea Mattioli (1501-1577) del **Peri Ylis Iatrikis (De materia médica)** de Pedanio Dioscórides (40-90). Farmacopea utilizada durante toda la Edad Media, preservada en múltiples copias que aún existen en árabe, español y latín. De una de ellas, Mattioli hizo la traducción al italiano y agregó plantas desconocidas para el autor original, como aquellas provenientes de América. Las acuarelas de Cibo fueron realizadas entre los años 1564 y 1584, y fue él quien armó este libro único que hoy guarda la Biblioteca Británica. Gherardo Cibo, también conocido por su seudónimo, Ulisse Severini da Cingoli, no sólo era un gran artista, sino un científico dedicado que ilustraba las plantas que personalmente recogía para estudiar. En varias de las imágenes se ve al botánico que recoge y analiza las muestras in situ, siendo la primera vez en la historia que se representa en su trabajo a este especialista de la biología. De Cibo es, además, el herbario o colección de muestras de plantas secas preservadas en papel más antiguo que existe, de 1532, conservado en la biblioteca Angelica en Roma.

Como dato curioso, que viene al caso por ser la autora de los versos del epígrafe de esta sección, Emily Dickinson (1830-1886) se dedicó a la botánica antes que a la poesía. Así que, además de su importante obra literaria, nos dejó un herbario con 66 páginas en las que aparecen 424 muestras de flores y plantas, *las hijas de la primavera* como les llamaba la poeta, ordenadas estéticamente de una forma muy especial. El tomo, incunable, puede ser consultado en la Biblioteca de Harvard.

La imagen que aparece en la página 69, de las dos mujeres liberando o atrapando corazones alados, es del libro objeto **Petit Livre d'Amour, Emblesmes et Devises d'Amour**. Hermosa miniatura que el poeta francés Pierre Salas (1457-1529) hizo, alrededor del año 1500, para regalar en secreto a Marguerite Bullioud, quien sería su esposa pero que en ese momento estaba casada con otro hombre. El librito, de portada de terciopelo púrpura y preservado en un estuche con las iniciales M y P (abundantes también en el interior), con poemas manuscritos por el poeta en tinta de oro, está iluminado por miniaturas similares a la utilizada aquí, por el pintor anónimo Le Maître de la Chronique scandaleuse o El Maestro de la Crónica escandalosa. Esta persona, aún desconocida, dejó una abundante obra en colaboración con otros artistas parisinos de la época. El libro único se puede ver también en la colección de la Biblioteca Británica.

Finalmente, creadas especialmente para este poemario, las imágenes digitales de la portada y la contraportada son de Ana Gabriela Torres B. (2003), artista nacida en Panamá, y las letras capitales que abren y cierran el poemario son de Aura Sibila Benjamín (1970). Cuando no trabaja en su arte o su literatura, la escritora es aficionada a cultivar plantas y, como da testimonio su poesía, a las mariposas, libélulas y curcusíes, a las aves y a la naturaleza exuberante del trópico, que fue el criterio usado para encontrar las ilustraciones de este poemario.

Sobre la poeta

Aura Sibila Benjamín es una poeta, artista y educadora nacida en la ciudad de Panamá en 1970.

Graduada del programa de Maestría en Estudios Avanzados en Literatura Española y Latinoamericana de la Universidad Internacional de La Rioja, del Diplomado en Creación Literaria de la Universidad Tecnológica de Panamá y del Programa de Formación de Escritores del Ministerio de Cultura de Panamá.

Su sensibilidad artística la ha llevado a una continua búsqueda de formas de expresión, lo que ha hecho a través de la narrativa, la acuarela, el arte textil y, por supuesto, la poesía. Su obra literaria aparece en revistas, libros colectivos y antologías.

Además de su formación literaria, obtuvo en la Universidad de Panamá la licenciatura en Diseño Gráfico de la Facultad de Arquitectura, disciplina de la que también se graduó como Profesora de Segunda Enseñanza en la Facultad de Educación y a la que ha dedicado su vida profesional. También realizó estudios en Administración Pública y tiene una Maestría en Dirección de Negocios.

Su tiempo libre lo dedica al cuidado de su huerto urbano y a escuchar a las aves que lo visitan.

CONTENIDO

Esta edición de
Lo que me enseñó la noche
de Aura Sibila Benjamín
se imprimió en mayo de 2023
y estuvo al cuidado de
JL Rodríguez Pittí.

v.1.10

www.ingramcontent.com/pod-product-compliance
Lightning Source LLC
Chambersburg PA
CBHW022058050726
47591CB00002B/593

* 9 7 8 1 7 7 5 1 0 9 5 5 6 *